VEGETARISCH KOCHEN
für die
FAMILIE

Schnelle und einfache Gerichte, die auch Kindern schmecken

1.Auflage 2020
Copyright © Emilia Hoffmann

Inhalt

Schnelle Küche 4

Warum vegetarisch essen? 4

Kinder und vegetarische Ernährung 6

Die Rezepte 8

Dinge, die man immer im Vorratsschrank haben sollte:
.... 8

SUPPEN 11

    Kürbissuppe mit Kokosmilch 11

    Kartoffelsuppe nach Art meiner Oma 12

    Linsensuppe mit Gemüse und Nudeln 13

    Kohlsuppe mit Kartoffeln 14

    Zucchinicremesuppe 15

    Möhreneintopf 16

HAUPTGERICHTE 17

    Spinatnudeln 17

    Afrikanischer Erdnuss-Krauttopf 18

    Weltbeste Käsespätzle 20

    Gemüselasagne 22

    Blumenkohl-Brokkoli-Auflauf 24

    Spinatlasagne 25

    Gnocchi in Marinara-Soße 26

    Kürbis-Möhren-Gemüse mit Kokosreis 28

    Mediterrane Gemüsepfanne 30

    Kartoffeln mit Eiersoße 32

Schneller Halloumi-Gemüse-Auflauf 33
Kartoffel-Paprika-Curry mit Pfirsich 34
Pfannkuchen mit Spinat-Champignon-Füllung ... 36
Pasta mit Gemüsestreifen und Erdnussoße 38
Original englische Jacket Potatoe 40
Kartoffelburger 42
Überbackene gefüllte Kartoffeln 44
Nudelauflauf 46
Tomaten-Spinat-Tortellini mit Mozzarellabällchen
.... 47
Kartoffelgratin mit Ofenzucchini 48
Kürbis-Hack-Pfanne mit Kartoffelpüree 50
Bratnudeln 52
Kartoffelwedges mit verschiedenen Dips 54
Falafel mit Joghurt-Minz-Dip im Fladenbrot 56
Chili sin Carne 58
Ravioli mit Erbsen-Ricotta-Soße 60
Zucchini-Reis-Auflauf 61
Couscous-Salat 62
Pizzabrötchen Primavera 64

BRATLINGE 65

Käsebuletten 65
Brokkoli-Frikadellen 66
Quinoa-Buletten 67
Hafer-Frikadellen 68

Kidneybohnen-Bratlinge 69
PASTASAUCEN 70
    Tomaten-Schafskäse-Soße 70
    Gemüse-Sahne-Soße 71
    Pesto Genovese 72
    Pesto Rosso 73
    Champignon-Sahne-Soße 74
    Käsesoße mit Lauch 75
    Linsenbolognese 76
    Pasta-Grundteig für selbstgemachte Pasta 77
SÜSSE GERICHTE 78
    Kartoffelpuffer 78
    Arme Ritter 79
    Pfannkuchen mit verschiedenen Füllungen 80
    Apfelplinsen 81
    Kaiserschmarren mit Pflaumenkompott 82
Lust auf mehr? 83
Hat Ihnen das Buch gefallen? 84
Rechtliches und Impressum 85

Schnelle Küche

Nach einem langen Tag hast du vielleicht wenig Zeit und Lust, noch lange in der Küche zu stehen. Aber etwas Leckeres essen möchtest du trotzdem. Gesund und nahrhaft soll es sein und am besten auch den Kindern schmecken.

Ich bin Mutter von zwei Kindern, berufstätig und ich weiß, wie schwierig es ist, beim Kochen und Essen alle unter einen Hut zu bekommen. Die Jungs wollen am liebsten oft Fleisch, ich könnte eigentlich komplett darauf verzichten. Meine Tochter isst fast nur das, was sie kennt, ist generell sehr wählerisch...

Seit vielen Jahren bin ich trotz allem begeisterte Köchin, experimentiere mit Kräutern und Gewürzen, selbstgemachter Pasta, internationalen Gerichten und verschiedenen Garmethoden, habe sämtliche Fix-Produkte aus meiner Küche verbannt und bin immer auf der Suche nach Gerichten, die schnell gehen, lecker und gesund sind, möglichst allen schmecken – UND FLEISCHLOS SIND!

Warum vegetarisch essen?

Vegetarische Ernährung ist einfach gesünder. Viele Zivilisationskrankheiten wie Gicht, Diabetes Typ 2, erhöhter Cholesterinspiegel und sogar Darmkrebs haben häufig ihre Ursache in übermäßigem Fleischkonsum. Vegetarier erkranken nachgewiesenermaßen weniger häufig an Krebs, leiden weniger häufig an Übergewicht, hohem Blutdruck oder Stoffwechselstörungen als Fleisch-Esser.

Vegetarische Ernährung schont und respektiert Mutter Natur. Wusstest Du, dass ein Kilo Fleisch "zu produzieren" mehr als 50.000 Liter Wasser verbraucht? Außerdem stecken in einem Kilo Rindfleisch so viele Emissionen, wie in einer Autofahrt von 250 km, so viel Energie wie der 20-tägige Betrieb einer 100 W Glühbirne und so viel Wasser, wie der Jahresverbrauch bei täglichem Duschen. Besonders die Abholzung der Wälder für Weideflächen und die Anpflanzung der Futtermittel belasten die Klimabilanz eines jeden Fleischessers mit jährlich etwa 1,5t CO_2-Äquivalenz mehr als die eines "Pflanzenfressers".

Vegetarische Ernährung hilft, den Welthunger zu bekämpfen. Tiere aufzuziehen und zu schlachten ist wesentlich ineffizienter, als Gemüse oder Getreide anzubauen. Um einen Vegetarier zu ernähren, braucht man etwa 20 Mal weniger landwirtschaftliche Nutzfläche als für einen Fleischesser. Im Laufe ihres Lebens, von der Geburt bis zur Schlachtung, verbrennen Nutztiere reichlich Kalorien für den Stoffwechsel sowie für den Aufbau von Federn, Fell, Knochen und Blut. Bis zu 22 Kilo Getreide werden als Futter verbraucht, um ein Kilo essbares Fleisch zu erhalten.

Vegetarisch kochen macht Spaß! Es erfordert allerdings eine gewisse Eingewöhnungszeit. Generell braucht es etwas Zeit, neue Produkte und Rezepte kennenzulernen und neue Arten der Zubereitung auszuprobieren. Dafür wirst du aber mit tollen neuen Kocherlebnissen belohnt. Der Speisezettel wird in der vegetarischen Küche bunter und abwechslungsreicher, was Koch und Esser gleichermaßen freut.

Kinder und vegetarische Ernährung

In Deutschland sind mittlerweile mehr als 6 Mio. Menschen Vegetarier, Tendenz steigend. Viele Jugendliche, besonders jugendliche Mädchen, aber auch schon Kinder entscheiden aus freien Stücken, kein Fleisch mehr zu essen.

Aber ist das auch gesund? Fehlen da nicht wichtige Nährstoffe für Wachstum und Entwicklung?

Eine vegetarische Kost mit Milch und Eiern ist auch im Kindesalter kaum problematisch. Kinder haben jedoch pro Kilogramm Körpergewicht einen erhöhten Bedarf an Eisen und Vitamin B12. Deshalb ist eine rein pflanzliche, also vegane Ernährung nicht zu empfehlen.

Vegetarier sein, heißt nicht einfach Fleisch und tierische Produkte wegzulassen, sondern diese durch eine ausgewogene pflanzliche Kost zu ersetzen, sagen Fachleute von der Deutschen Gesellschaft für Ernährung (DGE). Die Ernährungsumstellung sei für Erwachsene wie Kinder ein Gewinn, solange die Versorgung mit bestimmten Nährstoffen sichergestellt sei.

Mischkostler decken ihren Eiweiß- und Energiebedarf durch Fleisch und Wurst - meist im Übermaß. Eine vegetarische Ernährung werde daher als Dauerkost für Kinder sogar empfohlen. Für Vegetarier seien Milchprodukte, Eier, Hülsenfrüchte, Getreide und Nüsse gute Quellen für essentielle Aminosäuren. Diese sorgen im Körper unter anderem für die Bildung von Muskelmasse, Enzymen, Hormonen und Antikörpern.

Außerdem sollten vegetarische Eltern bei ihrem

Nachwuchs auf eine ausreichende Aufnahme der Spurenelemente Zink und Eisen achten. Sie sind vor allem in Vollgetreide, Hülsenfrüchten, Ölsaaten und Nüssen vorhanden. Auch einzelne Gemüse, wie Fenchel und Feldsalat enthalten Eisen. Zwar ist pflanzliches Eisen weniger gut verwertbar als tierisches. In Verbindung mit einem Vitamin-C-haltigen Saft kann es der Körper aber besser aufnehmen.

Die Rezepte

Ich habe alle Rezepte selbst ausprobiert und optimiert. Es müsste alles so funktionieren, wie es hier steht. Die meisten Gerichte kannst du in weniger als 30 Minuten zubereiten, manche Gerichte müssen dann noch in den Ofen, aber dann kannst du ja vielleicht ein bisschen chillen.

Wenn du Koch-Anfänger bist, brauchst du möglicherweise noch etwas länger. Ich habe es so genau wie möglich Schritt für Schritt beschrieben und Übung macht die Meisterin!

Viel Spaß beim Nachkochen und guten Appetit.

Dinge, die man immer im Vorratsschrank haben sollte:

verschiedene Sorten Nudeln
Kartoffeln
Reis
Zwiebeln
Knoblauch
passierte Tomaten
stückige Tomaten
Sahne
geriebener Käse
neutrales Pflanzenöl, z.B. Mazola Keimöl
Butter
Eier
Bio-Gemüsebrühwürfel
Mehl

Gewürze:
Salz
Pfeffer (am besten aus der Mühle)
Paprika edelsüß
Cayennepfeffer, Chilipulver
Kümmel
Kreuzkümmel
Muskat

Kräuter am besten frisch, eventuell von der Fensterbank getrocknet geht Oregano, Salbei, Basilikum, Dill, Rosmarin, Liebstöckel, Thymian
Tiefkühl: Petersilie, Schnittlauch, Koriandergrün

Mengenangaben

Bei den angegebenen Mengen sollten in der Regel 4 Personen satt werden. Zumindest zwei große und zwei kleinere. Wenn du Teenager hast, muss du vermutlich noch ein bisschen was drauflegen.

Es sind gestrichene Teelöffel (TL) und Esslöffel (EL) gemeint. Mit würfelgroßen Stücken meine ich die normalen Spielwürfel vom Mensch-ärgere-dich-nicht, außer bei Zwiebeln und Knoblauch – da solltest du sehr kleine Würfelchen machen. Mit einem richtig scharfen Messer muss man auch fast nicht weinen ;)

Gemüse vor dem Kleinschneiden immer waschen.

Mit dem Wasserkocher arbeiten

Wenn etwas in Wasser garen muss, z.B. Nudel, Kartoffeln oder Gemüse, mache ich das benötigte Wasser schon mal im Wasserkocher heiß, **das spart Zeit**.

Gleichzeitig kannst du schon etwas Wasser im Kochtopf erhitzen und dann das Wasser aus dem Wasserkocher dazugießen. Immer Deckel benutzen.

Frisch vs. Tiefkühlgemüse

Ich verwende normalerweise frisches Gemüse, außer Erbsen und Spinat (Tiefkühl) und Mais (Dose). Auch passierte und stückige Tomaten stelle ich nicht selbst her, sondern nehme sie aus der Packung (aber bitte ungewürzt). Fühl dich aber frei, das so zu machen, wie es euch schmeckt. Nur von Erbsen, Möhren und Pilzen aus der Dose oder aus dem Glas rate ich dir ab. Das sieht weder lecker aus, noch schmeckt es aromatisch und Nährstoffe sind wahrscheinlich auch nicht drin.

SUPPEN

Kürbissuppe mit Kokosmilch

(25 Minuten)

1 Zwiebel
1 Knoblauchzehe
2 EL Öl
800g Kürbisfleisch (z.B. Butternut oder Hokkaido) in Stücken (würfelgroß)
2 mittelgroße Kartoffeln in Stücken (würfelgroß)
1 Dose Kokosmilch (400ml)
300ml Wasser
1 Würfel Gemüsebrühe
Salz, Pfeffer
etwas Currypulver

Zwiebel und Knoblauchzehe fein würfeln, in einem Topf mit Öl glasig andünsten. Kürbis- und Kartoffelstücke, Wasser, Brühwürfel und Kokosmilch hinzugeben, aufkochen lassen.

Auf kleiner Stufe ca. 15 Minuten köcheln lassen.

Mit dem Pürierstab cremig pürieren. Mit Salz, Pfeffer und Currypulver abschmecken.

TIPP: Schmeckt sehr gut mit Croutons und Kräutern bestreut.

Kartoffelsuppe nach Art meiner Oma

(25 Minuten)

2 Knoblauchzehen
6 große Kartoffeln
1 Bund Suppengrün (1 Möhre, ⅛ Sellerie, ½ Lauch, nach Geschmack etwas Selleriekraut oder Maggikraut)
2 TL Salz
100 ml Sahne
Petersilie
nach Geschmack 1 Zwiebel oder fertige Röstzwiebeln
nach Geschmack vegetarische Wiener Würstchen

Kartoffeln grob würfeln, Karotten in etwas kleinere Würfel, Lauch in Ringe schneiden, Knoblauchzehen abziehen.

Alles in einen Topf geben, 2 TL Salz und nach Bedarf etwas Selleriekraut oder Maggikraut hinzufügen. Mit kochendem Wasser auffüllen, dass alles gerade so bedeckt ist.

15 Minuten kochen lassen.

Von der Herdplatte nehmen und mit einem Pürierstab pürieren. Sahne und Petersilie unterrühren.

Wer möchte, kann vegetarische Wiener darin heiß werden lassen und angebratene Zwiebel oder fertige Röstzwiebeln darüber geben.

TIPP: Dazu passt frisches Bauernbrot mit Butter.

Für nicht-vegetarische Familienmitglieder kann man einfach normale Wiener nehmen.

Linsensuppe mit Gemüse und Nudeln

(30 Minuten)

1 EL Öl
1 Zwiebel
2 Knoblauchzehen
5 mittlere Möhren (ca. 350g)
1 Selleriestange
225g rote Linsen
600ml Gemüsebrühe
700ml kochendes Wasser
Salz, Pfeffer
150g kleine Nudeln (Suppenmuscheln o.ä.)
150g Naturjoghurt
1 EL frisch gehackte Petersilie zum Garnieren

Zwiebeln und Knoblauch fein hacken, Möhren schälen und in Scheiben schneiden, Sellerie in Scheiben schneiden.

In einem großen Topf etwas Öl erhitzen. Zwiebeln, Knoblauch, Möhren und Sellerie 5 Minuten andünsten.

Linsen, Brühe und kochendes Wasser zugeben, mit 1TL Salz und etwas Pfeffer würzen, kurz aufkochen lassen, dann ca. 15 Minuten leicht köcheln lassen.

Die Nudeln in einem separaten Topf nach Packungsanweisung kochen und abgießen.

Die Suppe vom Herd nehmen, mit dem Pürierstab pürieren. Nach Geschmack nachwürzen.

Den Joghurt und die Nudeln einrühren. Eventuell nochmal erwärmen, aber nicht mehr kochen lassen, sonst flockt der Joghurt aus.

Mit Petersilie bestreuen und servieren.

Kohlsuppe mit Kartoffeln

(30 Minuten)

500g Weißkohl, Spitzkohl oder Wirsing
500g Kartoffeln
1 große Möhre
1 mittlere Zwiebel
2 Knoblauchzehen
1 EL vegetarisches Zwiebelschmalz oder Öl
1 ½ Liter heiße Gemüsebrühe
1 TL Kümmelpulver
Salz, Pfeffer

Die Zwiebel, den Knoblauch, die Möhre und die Kartoffeln schälen. Die Zwiebel in kleine Würfel, den Knoblauch in Scheiben, die Kartoffeln und die Möhre in grobe Würfel schneiden. Den Kohl putzen, den Strunk entfernen und in Streifen schneiden.

Das Zwiebelschmalz (oder Öl) in einem großen Topf zerlassen, Zwiebeln und Knoblauch zugeben und anschwitzen. Dann die Kartoffeln, Möhren und den Kohl dazugeben und mitdünsten lassen.

Mit Brühe auffüllen, den Kümmel dazugeben, zum Kochen bringen, runterschalten und ca. 20 Minuten köcheln lassen.

Mit Salz und Pfeffer abschmecken.

TIPP: Dazu schmeckt ein kräftiges Bauernbrot mit Zwiebelschmalz.

Zucchinicremesuppe

(20 Minuten)

1 ½ Zwiebeln
1 Knoblauchzehe
1 EL Öl
1 TL Butter
700g Zucchini
800ml kochendes Wasser
2 Würfel Gemüsebrühe
2 voll gehäufte EL Mehl (ca. 55g)
½ TL Pfeffer
etwas geriebene Muskatnuss
120ml Sahne
3 Ecken Schmelzkäse, in kleineren Stückchen
Schnittlauch

Zwiebeln und Knoblauch schälen und fein würfeln. Zucchini waschen, die Enden abschneiden und auf einer Küchenreibe grob raspeln. Butter und Öl in einem Topf erhitzen, Zwiebeln und Knoblauch andünsten, Zucchini zugeben und kurz mitdünsten.

Wasser, Brühwürfel, Mehl und Pfeffer zugeben, aufkochen lassen und ca. 8 Minuten auf niedriger Stufe köcheln lassen.

Vom Herd nehmen, die Sahne, den Schmelzkäse und etwas Muskatnuss hinzufügen und mit dem Pürierstab fein und cremig pürieren.

Mit Schnittlauchröllchen bestreut servieren.

Möhreneintopf

(25 Minuten)

2 EL Öl
1 Zwiebel
400g Möhren
200g Kartoffeln
500ml kochendes Wasser
1 Würfel Gemüsebrühe
1 Prise Muskat
½ Bund Petersilie, fein gehackt
etwas Salz

Zwiebel, Möhren und Kartoffeln schälen und in kleine Würfel schneiden. In einem Topf Öl erhitzen und die Zwiebelwürfel andünsten. Möhren, Kartoffeln, Wasser, Brühwürfel und Muskat zugeben und 15-20 Minuten köcheln lassen. Gelegentlich umrühren.

Am Schluss eventuell mit Salz abschmecken und die Petersilie unterrühren.

HAUPTGERICHTE

Spinatnudeln

(15 Minuten)

500g kleine Nudeln (Gobetti oder Mini-Pasta)
600g TK-Rahmspinat, aufgetaut
1 kleine Zwiebel
100g Frischkäse
Salz, Pfeffer
etwas Öl

Nudeln nach Packungsanweisung kochen und abgießen.

Die Zwiebel schälen und fein würfeln, in etwas Öl in einer großen Pfanne glasig andünsten, den Spinat hinzugeben, 2 Minuten köcheln lassen.

Den Frischkäse einrühren, mit Salz und Pfeffer würzen.

Die Nudeln in die Pfanne geben und mit der Spinatsoße vermischen.

Afrikanischer Erdnuss-Krauttopf

(30 Minuten)

Reis oder frisches Baguette als Beilage

½ Weißkohl
2 Möhren
1 Dose Kidneybohnen (400g)
1 kleine Dose Mais
1 rote Paprikaschote
1 Zwiebel
1 Pck. passierte Tomaten (400g)
250 ml Gemüsebrühe
4 EL Erdnussbutter
1 gestrichener TL Cayennepfeffer
1 TL Thymian
½ TL Paprikapulver
1 EL Senf
1 EL Kreuzkümmel
Salz, Pfeffer

Wer Reis als Beilage mag, kann diesen schon mal aufsetzen.

Kidneybohnen und Mais abgießen, Wasser im Wasserkocher erhitzen.
Weißkohl in Stücke und Möhren in Würfel schneiden, in einen Topf geben, etwas Salz dazu, mit dem kochenden Wasser übergießen, ca. 15 Minuten kochen lassen, dann abgießen.

250ml Gemüsebrühe herstellen.

Inzwischen die Zwiebel würfeln und die Paprikaschote

in Stücke schneiden. Beides in Öl in einer großen Pfanne anbraten, Kreuzkümmel, Cayennepfeffer und Senf dazugeben und kurz(!) mitbraten.

Passierte Tomaten und die Brühe dazugeben, fünf Minuten auf niedriger Stufe kochen lassen.

Thymian, Paprikapulver und Erdnussbutter hinzugeben und alles gut durchrühren.

Nun Kidneybohnen, Mais, Weißkohl und Möhren hinzugeben, noch etwas köcheln lassen.

Mit Salz, Pfeffer und eventuell noch mehr Cayennepfeffer abschmecken.

Weltbeste Käsespätzle

(20 Minuten)

TIPP: Um Spätzle zu machen, benutzt man an besten einen Spätzlehobel oder eine Spätzlepresse. Die Anschaffung lohnt auf jeden Fall, denn Spätzle selber machen geht mindestens so schnell wie gekaufte zu kochen und ist megalecker. Man kann die Spätzle auch vom Brett schaben, aber das dauert ewig und macht wirklich keinen Spaß.

500g Mehl (normales weißes Mehl, Dinkelmehl oder gemischt mit etwas Vollkornmehl – alles ist möglich, alles ist lecker; ich nehme meistens ¾ Dinkelmehl und ¼ Vollkornmehl)
¼ Liter Milch
4 Eier
2 EL Öl
Salz, Pfeffer
2 EL Butter
100g geriebenen Käse (Emmentaler)
1 Zwiebel
Petersilie

Die Eier in der Milch verquirlen und damit aus Mehl, Öl und Salz einen Spätzleteig bereiten.

Wasser in einem großen Topf zum Kochen bringen, etwas Salz zugeben, ein Nudelsieb in einem tiefen Teller und ein kleines Sieb bereitstellen.

Spätzle portionsweise in den Topf hobeln oder pressen. Nach jeder Portion werden die Spätzle, sobald sie an der

Oberfläche schwimmen (und das geht sehr zügig) mit dem kleinen Sieb abgeschöpft und in das Nudelsieb zum Abtropfen gegeben.

Zwiebel in kleine Würfel schneiden.
Butter in einer großen Pfanne schmelzen und die Zwiebelwürfel darin andünsten.
Die Spätzle dazugeben und umrühren. Den geriebenen Käse dazugeben, mit Pfeffer abschmecken. Vom Herd nehmen und Petersilie unterrühren.

Für nicht-vegetarische Familienmitglieder kann man noch angebratene Schinkenwürfel daruntermischen.

Gemüselasagne

(30 Minuten und 20 Minuten im Ofen)

1 mittelgroße Zwiebel
3 EL Öl
1 rote Paprikaschote
1 Zucchini
500g TK-Gemüsemischung (z.B. Erbsen, Mais, Karotten)
1 gehäuften EL Butter
1 gehäuften EL Mehl
350ml Gemüsebrühe
200 ml Sahne
Salz
Muskat
Curry
gehackte Petersilie
9 Lasagneplatten (Barilla)
100g geriebenen Käse (Emmentaler)
1 Mozzarella

Zwiebeln schälen und klein würfeln, Paprika in Streifen schneiden, Zucchini längs halbieren und in Scheiben schneiden. Mozzarella würfeln.

Backofen vorheizen auf 220°C vorheizen.

Zwiebel in Öl glasig andünsten, Paprika und Zucchini zufügen und kurz mitdünsten, Gemüsemischung zufügen und alles garen lassen. Nach Geschmack etwas Salz und Kräuter hinzugeben.

Butter in einer Kasserole schmelzen und das Mehl darin anschwitzen. Topf kurz vom Herd nehmen, die Gemüsebrühe und die Sahne zufügen, kräftig umrühren.

Topf wieder auf den Herd und alles zum Kochen bringen, ca. 1 Minute kochen lassen. Mit Salz, Muskat, Curry und Petersilie würzen.

In eine gefettete Auflaufform abwechselnd Lasagneblätter, Gemüse, Mozzarellawürfel und Sauce einschichten. Mit Sauce beginnen und enden.

Mit Käse bestreuen und 20 Minuten im Backofen backen.

Blumenkohl-Brokkoli-Auflauf

(20 Minuten und 25 Minuten im Ofen)

750g Blumenkohl, Brokkoli oder gemischt
500g Kartoffeln
etwas Salz
30g Mehl
30g Butter
250ml Gemüsebrühe
250ml Milch
150g Schmelzkäse
Pfeffer
Muskat
150g geriebenen Käse (Gouda oder Emmentaler)

Blumenkohl und/oder Brokkoli waschen und klein schneiden. Die Kartoffeln schälen, halbieren und in Scheiben schneiden. Alles in kochendem Salzwasser 5 Minuten blanchieren.

Backofen auf 220°C vorheizen.

Butter in einem kleinen Topf schmelzen lassen, Mehl darin anschwitzen. Topf kurz vom Herd nehmen, Brühe und Milch dazu gießen und kräftig umrühren. Unter Rühren 5 Minuten kochen. Schmelzkäse einrühren. Mit Salz, Pfeffer und Muskat würzen.

Eine Auflaufform einfetten. Die Kartoffelscheiben und den Blumenkohl bzw. Brokkoli einfüllen. Die Sauce darüber gießen und mit dem Käse bestreuen.

Im vorgeheizten Backofen ca. 25 Minuten backen.

Spinatlasagne

(15 Minuten und 20 Minuten im Ofen)

1 Päckchen Rahmspinat
200g Blattspinat
9 Lasagneplatten
2 EL Butter
2 EL Mehl
600ml Milch
Salz, Pfeffer
Muskat
200g geriebenen Käse (Emmentaler, Gouda, Mozzarella oder gemischt)

Spinat auftauen lassen oder tiefgefrorenen Spinat bei niedriger Stufe in einem Topf auftauen lassen, dabei immer mal umrühren.

Backofen auf 220°C vorheizen.

Eine Bechamel-Soße herstellen:
Butter in einem kleinen Topf schmelzen lassen, Mehl darin anschwitzen. Topf kurz vom Herd nehmen, Milch dazugießen und kräftig umrühren. Mit Salz, Pfeffer und etwas Muskat würzen. Unter Rühren 5 Minuten kochen.

In eine gefettete Auflaufform zunächst etwas Soße geben, dann immer abwechselnd eine Schicht Lasagneplatten und eine Schicht Spinat.
Über die letzte Schicht Lasagneplatten reichlich Soße gießen, den Käse darüber streuen und 20 Minuten im Backofen überbacken.

Gnocchi in Marinara-Soße

(15 Minuten mit Gnocchi aus der Packung, 40 Minuten mit den selbstgemachten)

Für die Gnocchi:

400g mehlig kochende Kartoffeln
150g Mehl
Salz, Pfeffer

(oder Gnocchi aus der Packung)

Für die Sauce:

1 EL Olivenöl
1 Schalotte (oder Zwiebel)
3 Knoblauchzehen
5 Tomaten (oder 1 Dose stückige Tomaten)
10 Basilikumblätter
1 Mozzarella

Für die Gnocchi die Kartoffeln schälen, in kleine Stücke schneiden und in Salzwasser gar kochen. Abgießen und abdampfen lassen, mit dem Kartoffelstampfer zerstampfen bis keine Klümpchen mehr da sind. Die Kartoffelmasse in eine Schüssel füllen, das Mehl hinzugeben, mit Salz und Pfeffer würzen und zu einem Teig verkneten.

In zwei Hälften teilen. Jede Hälfte zu einer Wurst formen.

Jeweils 2cm dicke Stücke abschneiden, zu Kugeln formen, leicht mit einer Gabel eindrücken.

In einem Topf reichlich Salzwasser zum Kochen bringen

und die Gnocchi darin garen, bis sie an der Oberfläche schwimmen. Das dauert nur wenige Minuten.

oder Gnocchi nach Packungsanweisung zubereiten.

Für die Soße die Tomaten überbrühen, schälen und klein hacken oder Dose öffnen ;)

Schalotte und den Knoblauch schälen. Schalotte fein würfeln, Knoblauch durchpressen, in Olivenöl anbraten. Die Tomaten zufügen, kurz mitbraten, mit Salz und Pfeffer würzen. Basilikumblätter kleinschneiden und zufügen.

Die Soße mit den Gnocchi mischen und mit Mozzarella-Scheiben belegen. Kurz im Backofen zerlaufen lassen.

Kürbis-Möhren-Gemüse mit Kokosreis

(25 Minuten)

Kokosreis:

1 Tasse Parboiled-Reis
1 Tasse Wasser
1 Tasse Kokosmilch
etwas Salz

Kürbis-Möhren-Gemüse:

½ Butternut-Kürbis (oder einen anderen, je nach Belieben)
5 mittelgroße Möhren
1 Zwiebel
1 Knoblauchzehe
Pfeffer, Salz, Thymian, Oregano, Kurkuma
1 Prise Zucker
1 TL Kokosfett
etwas Pflanzenöl

Den Reis zusammen mit dem Wasser, der Kokosmilch und wenig Salz in einem Topf aufsetzen und aufkochen lassen. Dann umrühren und auf kleinster Stufe ca. 20 Minuten vor sich hin köcheln lassen (je nach Reissorte kann das unterschiedlich sein).
Falls die Flüssigkeit zwischendurch komplett aufgesogen ist, noch ein wenig Wasser nachgießen.

Während der Reis kocht, den Kürbis schälen und in würfelgroße Stückchen schneiden.
Die Möhren schälen und in dünne Scheiben schneiden

oder am besten auf der Küchenreibe in dünne Scheiben hobeln.

Zwiebel fein würfeln, Knoblauchzehe schälen und durchpressen oder ebenfalls fein würfeln.

In einer Pfanne Zwiebeln und Knoblauch in etwas Pflanzenöl und dem Kokosfett andünsten, das Gemüse hinzugeben. Mit Salz, Pfeffer, je ½ bis 1TL Thymian, Oregano und Kurkuma würzen und eine Prise Zucker zufügen.

Alles ca. 15 Minuten köcheln lassen bis es gar ist.

Zusammen mit dem Reis servieren.

Mediterrane Gemüsepfanne

(25 Minuten)

650g Kartoffeln
2 mittlere Zucchini
10 Champignons
1 Zwiebel
1 gelbe und 1 rote Paprikaschote
3 Tomaten
einige Zweige frischen Rosmarin und Salbei
etwas Thymian
Salz, Pfeffer
1 Schafskäse oder Halloumi
3 EL Öl

Die Kartoffeln schälen, längs halbieren und in ca. 0,5cm dicke Scheiben schneiden. Öl in einer beschichteten Pfanne erhitzen und die Kartoffeln zusammen mit einigen Zweigen Rosmarin (die kann man später wieder rausnehmen) ca. 10 Minuten darin braten, bis sie leicht braun sind. Dabei mehrmals wenden.

Währenddessen das Gemüse vorbereiten. Zwiebel schälen und vierteln und die Schichten trennen. Zucchini längs halbieren und in 0,5cm dicke Scheiben schneiden. Paprika entkernen und in Streifen schneiden, Tomaten in Stücke schneiden, Pilze halbieren und in etwas dickere Scheiben schneiden.
Käse in große Würfel schneiden.

Die Kartoffeln salzen und pfeffern, aus der Pfanne nehmen und warm stellen.

Zwiebeln, Zucchini und Paprika in die Pfanne geben, kurz anbraten, die Tomaten hinzufügen, mit Kräutern würzen. Alles ca. 4 Minuten braten. Dann die Pilze zugeben und nochmal 2 Minuten mitbraten. Alles mit Salz und Pfeffer würzen.

Den Herd ausschalten, die Kartoffeln und die Käsewürfel in die Pfanne geben und heiß werden lassen.

TIPP: Anstelle der Kartoffeln schmeckt es auch gut mit Kokosreis (vorheriges Rezept).

Kartoffeln mit Eiersoße

(20 Minuten)

Kartoffeln, so viele ihr essen wollt
6 Eier
40g Butter
40g Mehl (ca. 3 EL)
½ l Milch
1 Würfel Gemüsebrühe
Salz, Pfeffer
1 Prise Muskatnuss
1-2 EL Senf
1 EL saure Sahne
Dill oder Petersilie

Die Eier in kochendem Wasser 10 Minuten hart kochen.

Kartoffeln schälen, in Stücke schneiden, gar kochen.

Die Butter in einem Topf zerlassen, das Mehl einrühren und kurz anschwitzen. Topf vom Herd nehmen, Milch einrühren, kräftig umrühren. Brühwürfel reinbröseln, mit Salz, Pfeffer und Muskat würzen.

Den Topf wieder auf den Herd stellen, einige Minuten köcheln lassen.

Anschließend mit saurer Sahne, Senf und Dill abschmecken.

Eier schälen, in Scheiben schneiden und zur Soße geben. Mit den Kartoffeln servieren.

Dazu passt Salat.

Schneller Halloumi-Gemüse-Auflauf

(10 Minuten + 20 Minuten im Ofen)

500g Halloumi-Käse
500g Zucchini
2 Paprikaschoten
2 Tomaten
Olivenöl
Pfeffer
italienische Kräuter (Basilikum, Oregano, Thymian etc.)

Backofen auf 170°C Umluft/Grill vorheizen.

Käse und Gemüse in Scheiben schneiden und dachziegelartig in eine Auflaufform schichten. Mit Pfeffer und Kräutern bestreuen.

Mit reichlich Olivenöl übergießen und ca. 20-25 Minuten im Ofen backen.

TIPP: Mit dem Gemüse kann man variieren. Anstelle der Zucchini schmecken auch Champignons. Auch Auberginen passen gut dazu.

Kartoffel-Paprika-Curry mit Pfirsich

(25 Minuten)

400g Kartoffeln
3 Paprikaschoten (rot, gelb, grün)
1 kleine Zwiebel
20g Butter
2 TL Currypulver
1 EL Mehl
250ml Gemüsebrühe
150ml Kokosmilch oder Sahne
2 Lauchzwiebeln oder 1 Stange Lauch
1 kleine Dose Pfirsiche
ca. 1 EL gehackte Petersilie
Salz, Pfeffer

Kartoffeln schälen, in 2-3cm große Würfel schneiden und in Salzwasser gar kochen. Paprikaschoten putzen und in große Stücke schneiden.

Die Zwiebel schälen und würfeln und in einem kleinen Topf in Butter glasig andünsten. Currypulver dazugeben und unter Rühren zwei Minuten rösten, Mehl dazugeben und weitere zwei Minuten anschwitzen lassen.

Mit Gemüsebrühe ablöschen und gut umrühren. Aufkochen lassen, Kokosmilch unterrühren und bei kleiner Hitze 3 Minuten köcheln lassen.

Mit Salz und Pfeffer abschmecken.

Lauchzwiebeln bzw. Lauch putzen, in Ringe schneiden und in einer großen Pfanne mit den Paprikastücken anbraten. Pfirsiche in Stücke schneiden und zusammen mit den Kartoffeln hinzugeben.

Currysoße unterrühren und mit Petersilie garnieren.

Pfannkuchen mit Spinat-Champignon-Füllung

(30 Minuten)

200g Vollkornmehl
400ml Milch
4 Eier
4 EL kernige Haferflocken
4 EL Sonnenblumenkerne
16 Champignons
200g Blattspinat frisch oder TK
4 mittelgroße Tomaten
4 kleine oder 2 große Zwiebeln
2 Knoblauchzehen
Öl
Salz, Pfeffer, Thymian

TK-Spinat auftauen und gut ausdrücken; frischen Spinat waschen und trockenschütteln.

Eier und Milch mit einer Gabel oder einem Schneebesen gut verrühren, nach und nach das Mehl zugeben und alles zu einem glatten, recht flüssigen Teig vermengen. Mit etwas Salz und Pfeffer würzen und kurz ruhen lassen.

In der Zwischenzeit Zwiebeln und Knoblauch fein hacken. Champignons und Tomaten in kleine Stücke schneiden.

In einer Pfanne etwas Öl erhitzen und darin die Zwiebeln glasig andünsten. Dann den Knoblauch zugeben und kurz mitbraten. Der Knoblauch sollte nicht braun werden.

Champignons, Tomaten und Spinat dazugeben und kurz

köcheln lassen.

Zum Befüllen der Pfannkuchen sollte das Gemüse wenig Flüssigkeit enthalten. Lasst es also nur kurz köcheln. Falls dennoch zu viel Flüssigkeit drin ist, kann man etwas abschöpfen, einkochen lassen oder etwas Soßenbinder einrühren.
Mit Salz, Pfeffer und etwas Thymian würzen.

Nun die Pfannkuchen zubereiten:
In einer beschichteten Pfanne ein wenig Öl erhitzen und eine Schöpfkelle Teig hineingeben. Durch Schwenken der Pfanne verteilt sich die Masse und sollte nun den Pfannenboden ca. 1cm dick bedecken. Darauf streut ihr nun gleichmäßig je einen Esslöffel Haferflocken und Sonnenblumenkerne.
Wenn der Pfannkuchen auf der Unterseite leicht gebräunt ist, wendet ihr ihn und lasst ihn noch etwas braten.

Die angegebene Menge ergibt etwa 4-5 große Pfannkuchen.

Das Gemüse gleichmäßig jeweils auf einer Hälfte der Pfannkuchen verteilen und zusammenklappen.

Pasta mit Gemüsestreifen und Erdnusssoße

(25 Minuten)

2 kleine Zucchini
2 große Möhren
2 EL Olivenöl
1 etwas größere Zwiebel
1-2 kleine Chilischoten, rot
400g Spaghetti, Tagliatelle, Linguine o.ä.
350ml Gemüsebrühe
2 EL Erdnusscreme, gesalzen
2 Spritzer Limettensaft
Salz, Pfeffer
2 Hände voll Erdnüsse, grob gehackt

Die Nudeln nach Packungsanweisung kochen.

Die Zucchini waschen und die Enden abschneiden. Die Möhren schälen. Alles in dünne lange Streifen schneiden (am besten mit einem Julienneschneider).

Zwiebel schälen und fein würfeln. Chilischoten entkernen und fein hacken.

Das Olivenöl in einer großen Pfanne oder einem Wok erhitzen. Die Zwiebel sowie die Chilischote im Öl anschwitzen, dann die Gemüsestreifen dazugeben und kurz anbraten.
Alles mit der Gemüsebrühe ablöschen und noch einmal aufkochen lassen. Dann die Erdnusscreme einrühren. Es sollte eine sämige Soße werden.

Mit Limettensaft und schwarzem Pfeffer abschmecken.

Zum Schluss die fertig gegarten Nudeln zur Soße geben und alles gut miteinander verrühren.

Mit ein paar Erdnüssen bestreut servieren.

Original englische Jacket Potatoe

(5 Minuten Vorbereitung + ca. 2 Stunden Backzeit)

Eine Jacket Potatoe ist eine Backkartoffel nach englischer Art. Das Besondere ist ihre richtig knackige, knusprige Haut und das weiche, fluffige Innere in dem ein großes Stückchen Butter herrlich duftend schmilzt, dazu etwas Salz und frisch gemahlener Pfeffer – und fertig ist die beste Backkartoffel aller Zeiten.
Die Schale wird natürlich mitgegessen.

Damit die Kartoffel richtig knusprig wird, braucht sie ca. 2 Stunden im Backofen. In dieser Zeit musst du allerdings gar nichts tun. Du kannst rausgehen, lesen, mit den Kindern spielen, ein Bad nehmen... Wenn du wiederkommst, ist sie fertig.

Pro Person:

1 richtig große Kartoffel (225-275g schwer)
etwas Olivenöl
zerstoßenes Steinsalz
etwas Butter
Salz und frisch gemahlener Pfeffer

Backofen auf 190°C vorheizen.

Die Kartoffeln waschen und sorgfältig abtrocknen. Stich die Kartoffel einige Male mit einer Gabel ein, gib einige Tropfen Olivenöl in die Löcher und reibe auch die gesamte Kartoffel damit ein.

Reibe die Kartoffel danach mit etwas Steinsalz ein. Das zieht die Feuchtigkeit aus der Schale und macht sie später sehr knusprig.

Leg sie dann ohne Backpapier auf den mittleren Rost und lasse sie 1¾ bis 2 Stunden backen bzw. bis die Schale richtig knusprig wirkt.

Schneide die Kartoffel zum Essen längs auf, lockere das Innere etwas auf, gib ein schönes Stück Butter, Salz und Pfeffer darauf und dann lasst es euch schmecken.

TIPP: Die gebackenen Kartoffeln verlieren sehr schnell ihr Knusprigkeit, also wartet mit dem Essen nicht lange.

Mal abgesehen von Butter könnt ihr auch andere Füllungen draufgeben:

- **Kräuterquark:** Sahnequark mit jeder Menge frisch gehackten Kräutern (Petersilie, Schnittlauch, Dill, Kerbel, Borretsch, Liebstöckel, Kresse…), Salz und Pfeffer

- **Sour Cream:** je 4 EL Mayo, Magerquark, Crème fraiche und saure Sahne mit einer durchgepressten Knoblauchzehe, 1 Prise Zucker, Salz, Pfeffer, einem kleinen Schluck Mineralwasser und viel Schnittlauch verrühren.

- **Schafskäsecreme:** 200g Schmand oder Frischkäse mit Joghurt, 200g Schafskäse zerbröselt, 180g Ajvar (scharf oder mild – je nachdem wie ihr es mögt) mit einer Gabel vermischen.

- **Zaziki:** 250g Joghurt, 250g Magerquark, 2 EL Zitronensaft und 2 EL Olivenöl in einer Schüssel verrühren. Eine halbe Salatgurke schälen, längs halbieren und entkernen, auf einer Reibe grob raspeln und zu der Quark-Joghurt-Masse geben. 2-3 Knoblauchzehen schälen und in die Masse pressen. Alles mit Salz und Pfeffer abschmecken.

Kartoffelburger

(25 Minuten)

Für 4 Burger

ca. 400g festkochende Kartoffeln
1 Zwiebel
Petersilie, gehackt
Salz, Pfeffer, Muskat
Öl

Burgerbrötchen
4 Scheiben Butterkäse
Eisbergsalat
Tomatenscheiben
Mayo oder Pommes-Sauce
Ketchup
Senf
Cornichons
Röstzwiebeln

Für die Reibekuchen die Zwiebel schälen und in feine Würfel schneiden.
Die Kartoffeln waschen, schälen und anschließend mit einer Reibe grob in eine Schüssel raspeln.
Mit Salz und Muskat würzen und Zwiebeln und Petersilie untermischen.

Reichlich Öl in einer Pfanne erhitzen. Die Kartoffelmasse portionsweise (Durchmesser Burgerbrötchen) in die Pfanne geben und durchbraten. Achte darauf, dass sie nicht zu dick sind, sonst werden sie nicht knusprig und sind in der Mitte noch roh. Von beiden Seiten goldbraun braten.

Auf die vier letzten Portionen je eine Scheibe Käse geben und schmelzen lassen.

Je eine Brötchenhälfte mit Senf, die andere mit Mayo bestreichen, ein bis zwei Reibekuchen, Salat, Tomaten, Gürkchen, Ketchup und Röstzwiebeln aufeinanderstapeln, Deckel drauf und losessen.

TIPP: Anstelle der Reibekuchen kann man die Burger auch mal mit anderen Bratlingen machen.
Bewährt haben sich bei uns die Quinoa-Buletten, die Kidneybohnen-Bratlinge und die Hafer-Frikadellen.

Überbackene gefüllte Kartoffeln

(je nach Größe der Kartoffeln 20-25 Minuten + 15 Minuten im Ofen)

4-6 mittlere Kartoffeln
Sour Cream (fertige oder siehe unten)
pro Kartoffel 50g Blattspinat (frisch oder TK, aufgetaut, gut ausgedrückt)
1 Zwiebel
Champignons (pro Kartoffel 1 kleiner bis mittlerer Pilz)
Pfeffer, Salz
geriebener Käse (z.B. Emmentaler)

Die Kartoffeln waschen, mit Schale in einen Topf geben, mit kochendem Wasser übergießen, gar kochen lassen, abgießen.

Währenddessen die Zwiebel schälen und würfeln, die Champignons putzen, halbieren und in sehr dünne Scheiben schneiden.

Eventuell die Sour Cream herstellen:
> Sour Cream: je 4 EL Mayo, Magerquark, Crème fraiche und saure Sahne mit einer durchgepressten Knoblauchzehe, 1 Prise Zucker, Salz, Pfeffer und einem kleinen Schluck Mineralwasser verrühren.

Backofen vorheizen: Umluftgrill 200°C oder Ober-Unterhitze 220°C

Die Zwiebelwürfel in etwas Öl glasig andünsten, den Spinat dazugeben, mit Salz und Pfeffer würzen, 1-2 Minuten dünsten lassen. Die Champignonscheiben zugeben und ca. 1 Minute mitdünsten.

Die Kartoffeln in eine Auflaufform legen, einmal längs einschneiden (nicht ganz durchschneiden) und etwas aufklappen.

Erst etwas Sour Cream, dann Spinat-Pilz-Gemisch hineingeben, mit Reibekäse bestreuen und im Ofen überbacken bis der Käse leicht braun ist.

Dazu passt Salat.

Nudelauflauf

(15 Minuten und 15 Minuten im Ofen)

400g Hartweizennudeln (Spirelli, Makkaroni oder ähnliche)
1 ½ Zwiebeln
1 Knoblauchzehe
Öl
750ml heiße Gemüsebrühe
200ml Sahne
100ml Milch
½ TL Salz
2 Prisen Muskat
200g TK-Erbsen
200g Reibekäse (z.B. Emmentaler)

Zwiebel und Knoblauch schälen, kleinwürfeln und in einer großen Pfanne oder Topf in etwas heißem Öl andünsten. Brühe, Sahne, Milch, Salz und Muskat hinzugeben und zum Kochen bringen. Nudeln und Erbsen hinzufügen und je nach Nudelsorte 8-10 Minuten kochen. Gelegentlich umrühren.

Backofen auf 200°C vorheizen.

Pfanneninhalt in eine Auflaufform gießen. Einen Teil des Käses darüberstreuen und etwas mit den Nudeln vermischen. Restlichen Käse auf dem Auflauf verteilen und ca. 15 Minuten im Ofen überbacken, bis der Käse leicht gebräunt ist.

Anstelle der Erbsen kannst du auch anderes Gemüse nehmen. Paprika, Blattspinat, Mais, Karotten…)

Tomaten-Spinat-Tortellini mit Mozzarellabällchen

(25 Minuten)

500g Tortellini mit Käsefüllung (Kühlregal)
1 Zwiebel
1 Knoblauchzehe
40g getrocknete, in Öl eingelegte Tomaten
400g passierte Tomaten
1 EL italienische Kräuter getrocknet (oder frisch und fein gehackt)
250g Würzspinat mit Zwiebeln, aufgetaut
200ml Gemüsebrühe
Salz, Pfeffer
100g Mascarpone
125g Mozzarellabällchen

Zwiebeln und Knoblauch schälen und fein würfeln, die getrockneten Tomaten in schmale Streifen schneiden.
Öl in einer Pfanne erhitzen, Zwiebeln, Knoblauch und Tomaten andünsten.
Brühe, passierte Tomaten und Kräuter zugeben, mit Salz und Pfeffer würzen.
Den Spinat einrühren und ca. 15 Minuten köcheln lassen.
Derweil die Tortellini nach Packungsanweisung zubereiten.

Mascarpone in die Spinatsoße einrühren und heiß werden lassen.

Soße mit den Tortellini vermischen, mit Mozzarellabällchen garnieren und servieren.

Kartoffelgratin mit Ofenzucchini

(25 Minuten + 20 Minuten im Ofen)

800g Kartoffeln (festkochend)
250ml Sahne
200ml Milch
2 Knoblauchzehen
1 TL Salz
½ TL Pfeffer
Muskat
150g geriebener Käse (Gouda, Gruyère)

2 mittlere oder 4 kleine Zucchini
Olivenöl
gehackte Kräuter (z.B. Rosmarin, Salbei, Bergbohnenkraut)
Salz, Pfeffer

Kartoffeln schälen und in sehr dünne Scheiben (1mm) schneiden.

Währenddessen Sahne und Milch in einer Pfanne zum Kochen bringen, Knoblauch schälen und reinpressen, Salz und Pfeffer zugeben. Kartoffelscheiben hineingeben, umrühren und 10 Minuten mit Deckel leicht köcheln lassen.

Ofen auf 200°C vorheizen.

Unterdessen die Zucchini längs halbieren und mehrfach kreuzweise einschneiden. Mit Olivenöl, den Gewürzen und den Kräutern einreiben und in eine gefettete Auflaufform legen.

Die Kartoffeln in zweite Auflaufform geben, mit Käse bestreuen.

Alles ca. 20 Minuten im Ofen backen.

TIPP: Das Kartoffelgratin passt auch zu vielen anderen Sachen: andere Ofengemüse wie Auberginen, gefüllte Pilze oder Bratlingen.

(Ja, ja Jungs... oder halt ein Steak)

Kürbis-Hack-Pfanne mit Kartoffelpüree

(35 Minuten)

ca. 800g Kartoffeln
350ml Milch
1 EL Butter
Salz

500g Kürbis (Hokkaido, Butternut)
1 Packung vegetarisches Hack
1 Zwiebel
1 Knoblauchzehe
Salz, Pfeffer, Paprika, Chili
Thymian, gemahlener Koriander, Kreuzkümmel
2 EL Schmand
Öl

Kartoffeln schälen, in kleine Stücke schneiden und in Salzwasser gar kochen.

Zwiebel und Knoblauch abziehen und beides fein würfeln. Kürbis schälen und in Würfel schneiden.

Öl in einer Pfanne erhitzen, Zwiebel und Knoblauch glasig andünsten, das Hack zugeben und knusprig anbraten.

Kürbiswürfel zum Hack geben, mit Salz, Pfeffer, Paprika, einer Prise Chili, etwas Kreuzkümmel, einer Prise Thymian und einer Prise Koriander würzen, etwa 50ml Wasser zugeben und ca. 15 Minuten mit Deckel garen lassen.

Das Kartoffelwasser abgießen und die Kartoffeln zerstampfen oder durch eine Kartoffelpresse drücken.

Die Milch erhitzen und nach und nach in die Kartoffelmasse rühren (am besten mit einem Handrührgerät), bis das Püree schön cremig ist. Am Schluss noch 1 EL Butter einrühren.

In die Kürbis-Hack-Pfanne noch 2 EL Schmand einrühren und mit dem Kartoffelpüree servieren.

Bratnudeln

(15-25 Minuten)

Wir haben oft Nudeln von Vortag übrig und Bratnudeln schmecken meinen Kindern so gut, dass sie sie auch schon alleine machen können.
Das ist das allereinzigste meiner Gerichte, dass ich mit Maggi mache, weil ich das so von zu Hause kenne. Aber man kann auch Sojasauce oder was ähnliches nehmen.

500g Spirelli (oder irgendeine andere Sorte)
Gewürzgurken
eventuell ½ Paprikaschote
eventuell vegetarische Schinkenwürfel
4 Eier
4 EL Milch
Maggi oder Sojasauce oder ähnliche Würzsoße
Paprikapulver edelsüß
Salz
etwas Reibekäse
etwas Petersilie

Nudel nach Packungsanweisung kochen oder Nudeln vom Vortag bereitstellen.

Gewürzgurken und Paprika kleinwürfeln.

Eier in einer Schüssel aufschlagen, die Milch zufügen, mit etwas Paprikapulver und Salz würzen, etwas Reibekäse und Petersilie zugeben. Alles zu einer Masse verrühren.

Öl in einer Pfanne erhitzen, die Nudeln anbraten, mit etwas Maggi oder ähnlichem würzen. Paprikawürfel und Gurkenwürfel hinzufügen und etwas weiterbraten.

Eierguss über die Nudeln geben und stocken lassen.

Kartoffelwedges mit verschiedenen Dips

(25 Minuten)

ca. 1kg Kartoffeln
Pflanzenöl
Salz, Pfeffer, Paprikapulver

Backofen auf 180°C Umluftgrill vorheizen.

Kartoffeln schälen, abspülen, in Spalten schneiden (ca. 1,5cm dick) und in eine Schüssel geben. Etwa 4 EL Öl zugeben, mit Salz, Pfeffer und Paprika nach Belieben würzen. Alles kräftig vermischen.

Kartoffelspalten auf ein mit Backpapier belegtes Backblech schütten, gleichmäßig verteilen und etwa 20 bis 25 Minuten im Ofen backen lassen bis sie die gewünschte Bräune haben. Dabei mehrmals wenden.

Knoblauch-Dip: 2 Knoblauchzehen abziehen und in eine Schüssel pressen. 1 EL Kapern feinhacken, dazugeben. 100g Frischkäse, 75g Joghurt, je 1 Prise Salz und Pfeffer und je 1 EL gehackte Petersilie und Schnittlauchröllchen dazugeben und vermischen.

Honig-Senf-Dip: 150g Crème fraiche, 1 EL Senf und 1 EL flüssigen Honig verrühren. Mit ¼ TL Kurkumapulver und je 1 Prise Salz und Pfeffer würzen.

Frischkäse-Dip: 100g Frischkäse und 125g Schmand in einer Schüssel verrühren. Mit 2-3 Tropfen Tabasco-Sauce, ½ gestrichenen TL Paprikapulver (edelsüß) und je 1 Prise Salz und Pfeffer würzen. Wer es scharf mag, kann noch eine rote (entkernte) Chilischote kleinschneiden und zugeben.

TIPP: Zu den Kartoffelwedges passen natürlich auch Ketchup, Mayo oder die Sour Cream von den Jacket Potatoes.

Falafel mit Joghurt-Minz-Dip im Fladenbrot

(24 Stunden Einweichen, dann 20 Minuten)

Falafel:
200g getrocknete Kichererbsen (am Tag vorher einweichen)
1 Bund Petersilie
etwas Koriandergrün (z.B. Tiefkühlkräuter)
1 Zwiebel, geschält und gewürfelt
½ TL Kreuzkümmel
1 TL Backpulver
2 EL Olivenöl
2 Knoblauchzehen
Salz
Öl zum Frittieren

Dip:
150g Naturjoghurt
100g Quark
1 Spritzer Zitronensaft
1 TL getrocknete Pfefferminze (Teebeutel)
½ TL Kreuzkümmel
Salz und Pfeffer

außerdem:
1 Fladenbrot oder Pitabrottaschen
nach Geschmack: geschnittenen Salat, Gurken und Tomatenscheiben

Knoblauchzehen schälen, in das Olivenöl pressen und vermischen.

Die abgetropften Kichererbsen, das Knoblauchöl,

Petersilie, Koriander, Kreuzkümmel, Zwiebel, Backpulver und Salz in der Küchenmaschine oder in einer Schüssel mit dem Pürierstab pürieren.

Die Masse sollte geschmeidig und gut formbar sein, sonst noch etwas Öl zugeben.

Aus der Masse kleine Bällchen formen (höchstens Tischtennisballgröße) und in heißem Fett frittieren.

Für den Dip alle Zutaten verrühren.

Fladenbrot oder Pitataschen nach Geschmack mit Falafel, Gemüse und Dip füllen.

Chili sin Carne

(30 Minuten mit vegetarischem Hack aus der Packung/ mit mariniertem Tofu 5 Minuten + 1 Stunde Wartezeit + 30 Minuten)

1 Packung vegetarisches Hack (oder siehe unten)
Öl
2 Zwiebeln
1 Knoblauchzehe
1 rote und 1 gelbe Paprikaschote
1 Packung passierte Tomaten
1 Packung stückige Tomaten
1 kleine Dose Mais
1 Dose rote Kidneybohnen (400g)
etwas Salz
½ TL Chilipulver (weniger oder mehr nach Geschmack)

alternativ zum Fertighack:
1 Würfel Tofu (300g)
für die Marinade:
4 EL Sojasauce, 4 EL Olivenöl, 1 TL Senf und etwas Wasser verrühren, mit Pfeffer würzen.

Das Tofu in Stücke schneiden und kurz in der Küchenmaschine auf Hackfleischbröselgröße kleinhäckseln oder mit einer Gabel zerdrücken. Mit der Marinade mischen und 1 Stunde stehenlassen.

Zwiebeln, Knoblauch und Paprika kleinwürfeln.

In einer großen, beschichteten Pfanne Öl erhitzen und beides andünsten. Hack oder Tofu dazugeben und knusprig anbraten.

Tomaten, Bohnen und Mais zugeben, umrühren, 15-20

Minuten köcheln lassen.

Nach Geschmack mit Salz und Chilipulver würzen.

TIPP: Ich nehme immer erstmal was für die Kinder raus und würze dann nochmal nach.

Dazu schmeckt Reis oder Fladenbrot.

Ravioli mit Erbsen-Ricotta-Soße

(25 Minuten)

500g Ravioli mit Spinatfüllung
250g TK-Erbsen
2 Knoblauchzehen
70g getrocknete Tomaten in Öl
250ml Gemüsebrühe
150g Ricotta
1 EL italienische Kräuter, getrocknet
1 Schuss Sahne
1 EL Tomatenmark
Pfeffer
etwas geriebenen Hartkäse

Knoblauch schälen und fein hacken, getrocknete Tomaten in feine Streifen schneiden. Gemüsebrühe zubereiten.

Öl in einer Pfanne erhitzen, Knoblauch und Tomaten anbraten. Mit Brühe ablöschen, Erbsen zugeben und 5 Minuten garen.

Inzwischen die Ravioli nach Packungsanweisung zubereiten.

Tomatenmark, Sahne und Kräuter zu den Erbsen geben, aufkochen und weitere 5 Minuten garen.
Ricotta einrühren, mit etwas Pfeffer würzen. Die Ravioli zur Soße geben und vermengen. Mit Käse bestreut servieren.

Zucchini-Reis-Auflauf

(20 Minuten + 20 Minuten im Backofen)

150g Reis (eventuell gekochten Reis vom Vortag)
2 mittelgroße Zucchini
1 rote und 1 gelbe Paprikaschote
1 Bund Lauchzwiebeln
250g Frischkäse
gemischte Kräuter (eventuell TK)
150ml Gemüsebrühe
Salz, Pfeffer, Paprikapulver
150g geriebenen Käse

Reis nach Packungsanweisung bissfest garen.
Zucchini und Paprika in kleine Würfel, Lauchzwiebeln in Ringe schneiden.

Etwas Öl in einer Pfanne erhitzen, darin die Lauchzwiebeln anschwitzen, Paprika und Zucchini dazugeben und ca. 5 Minuten braten.

In einem kleinen Topf den Frischkäse in der Gemüsebrühe auslösen und so lange einkochen, bis es eine cremige Soße ist. Die Kräuter einrühren. Mit Salz, Pfeffer und Paprikapulver abschmecken.

Backofen auf 200°C vorheizen.

Gemüse und Reis in einer Auflaufform vermischen, Soße darüber verteilen und den Käse drüberstreuen.

Ca. 20 Minuten im Ofen überbacken bis der Käse braun ist.

Couscous-Salat

(25 Minuten)

250g Couscous
250ml heiße Gemüsebrühe
½ Salatgurke
2 Paprikaschoten (rot und gelb)
4 Lauchzwiebeln
1 mittlere Dose Mais (300g)
1 EL weißer Balsamico
1 EL Wasser
1 EL Tomatenmark
1 EL Ajvar oder rote Currypaste
1 EL Sojasoße
3 EL Pflanzenöl
Salz und Pfeffer
1 Prise Chilipulver
1 Prise Zucker
½ TL Kreuzkümmel
½ Bund glatte Petersilie
½ Bund Schnittlauch

Couscous in eine Schüssel geben, mit heißer (kochender) Brühe übergießen und zugedeckt ca. 10 Minuten quellen lassen.

Gurke schälen und in Würfel schneiden, Paprika waschen, entkernen und in dünne Streifen schneiden, Lauchzwiebeln putzen und in dünne Ringe schneiden, Mais abtropfen lassen.

Für das Dressing Balsamico, Wasser, Tomatenmark, Ajvar, Sojasoße und Öl verrühren, die Gewürze hinzufügen.

Das Couscous auflockern und mit dem Dressing mischen.

Vorbereitetes Gemüse unterheben, eventuell nachwürzen.

Petersilie fein hacken, Schnittlauch in Röllchen schneiden und über den Salat streuen.

Pizzabrötchen Primavera

(10 Minuten + 20 Minuten im Ofen)

6 Aufbackbrötchen
200g Schmand
100g Crème fraiche
150g Reibekäse
4 mittlere Champignons
1 Tomate
je ½ rote und grüne Paprika
2 EL Dosenmais
½ rote Zwiebel

Ofen auf 220°C Ober-/Unterhitze vorheizen.

Brötchen aufschneiden und die Hälften auf ein mit Backpapier belegten Ofenrost legen.

In einer Schüssel Schmand, Crème fraiche und den Reibekäse verrühren, mit Salz, Pfeffer und Oregano würzen. Zwiebel schälen und fein würfeln, Tomate und Paprika entkernen und in kleine Würfel schneiden, Champignons in kleine Stücke schneiden. Das Gemüse in die Schüssel geben und alles vermischen.

Den Belag gleichmäßig auf den Brötchenhälften verteilen und im Ofen ca. 20 Minuten backen.

TIPP: Die Pilze und die grüne Paprika kann man zum Beispiel auch durch gewürfelte Zucchini ersetzen.

BRATLINGE

Hier findest du verschiedene vegetarische Bratlinge, die du in beliebigen Gerichte anstelle von Schnitzel, Kotelett, Hackfleischbuletten oder ähnlichem servieren kannst.
Die Hauptzutaten reichen von Gemüse, Käse, Hülsenfrüchten bis zu verschiedenen Getreiden. Da findet hoffentlich jeder etwas Leckeres für sich.

Käsebuletten (10-15 Stück)

(10 Minuten vorbereiten, 30 Minuten quellen, ca. 8 Minuten braten)

125g Haferflocken
125g Kräuterfrischkäse
100g geriebenen Käse
1 Zwiebeln
2 Eier
1 EL Senf
1 EL Ketchup
Salz, Pfeffer, Paprika, Currypulver (oder Curryketchup)
Öl

Die Zwiebeln fein hacken und mit den restlichen Zutaten zu einem Teig verkneten.
Im Kühlschrank 30 Minuten quellen lassen.

Zu 10-15 Bratlingen formen und in Pflanzenöl von jeder Seite ca. 4 Minuten braten.

Brokkoli-Frikadellen (10 Stück)

(30 Minuten)

500g Brokkoli
2 Eier
1 rote Zwiebel
100g Mehl
40g geriebenen Käse
80g gemahlene Mandeln
Salz, Pfeffer

Den Brokkoli waschen, putzen und in Röschen zerteilen. Den Stiel schälen und in Würfel schneiden. Dann alles in kochendem Salzwasser ca. 3 Minuten blanchieren, kalt abschrecken und abtropfen lassen.

Die Zwiebel fein würfeln und in etwas Öl glasig andünsten, den Brokkoli grob hacken.

Zwiebeln, Brokkoli, Mehl, Eier und Mandeln in einer Schüssel zu einer Masse vermischen, mit ½ TL Salz und Pfeffer vermischen.

Frikadellen formen und diese in Öl in einer beschichteten Pfanne ca. 3 Minuten von jeder Seite braten.

TIPP: Es sieht zunächst so aus, als wäre die Masse zu weich zum Formen, es funktioniert aber. Wichtig ist allerdings, die Hände zwischendurch immer wieder anzufeuchten und die Frikadellen dann gleich in die Pfanne zu legen.

Dazu passen zum Beispiel Kartoffelpüree oder Pommes, aber auch Reis und Käsesoße.

Quinoa-Buletten (10 Stück)

(30 Minuten)

200g Quinoa (z.B. von dm)
550ml Wasser
2 rote Zwiebeln, mittelgroß
2 gehäufte TL Senf, mittelscharf
2 gehäufte TL Flohsamenschalen (z.B. dm)
1 Bund Petersilie, gehackt
1 TL Paprikapulver, edelsüß
Salz, Pfeffer
3-4 EL Pflanzenöl

Quinoa in einem Sieb kurz abspülen und in einem kleinen Topf mit dem Wasser und einem halben TL Salz bei starker Hitze ohne Deckel kochen lassen, bis das Wasser vollständig verkocht ist. Das dauert ungefähr 12 Minuten.

Die Zwiebeln fein hacken.

Quinoa mit Senf, Flohsamenschalen, Petersilie, Zwiebeln und den Gewürzen zu einer festen Masse verkneten. Falls sie zu trocken ist, etwas Wasser hinzufügen. Buletten formen und ca. 4 Minuten bei mittlerer bis starker Hitze von jeder Seite braten, bis sie die gewünschte Bräune haben.

TIPP: Dazu passt zum Beispiel Gemüse-Sahne-Soße oder Champignonsoße.

Hafer-Frikadellen

(25 Minuten)

150g Haferflocken, blütenzart
1 kleine Zwiebel
1 Möhre
1 EL Pflanzenöl
2 EL gehackte Kräuter (Petersilie oder andere)
2 TL Senf
2 TL Paprikapulver
250ml Gemüsebrühe
Salz, Pfeffer

Die Zwiebel schälen und feinwürfeln, die Möhre schälen und raspeln. Beides in etwas heißem Pflanzenöl ca. 3 Minuten andünsten.

Kräuter, Senf, Paprika und Gemüsebrühe hinzufügen und aufkochen lassen. Herdplatte ausschalten, die Haferflocken einrühren und ca. 1 Minute quellen lassen.

Die Masse etwas abkühlen lassen und dann mit öligen Fingern 12-16 Frikadellen formen und in einer Pfanne mit heißem Öl ca. 5 Minuten von jeder Seite braten.

Kidneybohnen-Bratlinge

(20 Minuten)

400g Kidneybohnen
100g Paniermehl
2 Eier
100g Käse
1 Zwiebel
1 EL Curryketchup
1 EL Senf
italienische Kräuter
Salz, Pfeffer

Die Zwiebel schälen und fein hacken, die Kidneybohnen abspülen und pürieren.

Dann alle Zutaten zu einem Teig vermengen, mit feuchten Händen kleine Bratlinge formen und ca. 5 Minuten von jeder Seite braten.

TIPP: Die Bratlinge schmecken besser, wenn sie nicht so groß und dick sind. Außerdem sind sie dann schneller durchgebraten.

PASTASAUCEN

Tomaten-Schafskäse-Soße

(25 Minuten)

1 Zwiebel
1-2 Knoblauchzehen
1 Pck. passierte Tomaten
1 Pck. stückige Tomaten
Olivenöl
Bio-Instant-Gemüsebrühe
Frische Kräuter (Rosmarin, Oregano, Liebstöckel, Bergbohnenkraut, Salbei...)
Alternativ: getrocknete italienische Kräuter oder TK-Kräutermischung
eventl. etwas Salz
½ Schafskäse

Zwiebel und Knoblauch fein würfeln, die frischen Kräuter fein hacken. Zwiebeln und Knoblauch in 3 EL Olivenöl andünsten, passierte und stückige Tomaten dazugeben, die Kräuter und 1 TL Instant-Gemüsebrühepulver, -paste oder ein Brühwürfel zerbröselt dazugeben umrühren und ca. 15 Minuten auf niedriger Stufe kochen lassen.

Kräuter wie Rosmarin, Oregano, Salbei und Bergbohnenkraut entfalten ihre Aromen erst richtig beim Kochen und müssen unbedingt schon am Anfang dazu.

Den Schafskäse zerbröseln und am Ende der Kochzeit in

die Soße geben. Kurz mitkochen lassen.

Die Soße ist durch die Kräuter, die man ruhig reichlich dazugeben kann, schon sehr aromatisch. Man muss, wenn überhaupt, nur mit wenig Salz nachwürzen.

TIPP: Hierzu passt auch super gebratene Polenta.

Gemüse-Sahne-Soße

(20 Minuten)

1 Zwiebel
1 Knoblauchzehe
Gemüse nach Belieben, z.B.:
1 Zucchini
je 1 rote und 1 gelbe Paprikaschote
4 Tomaten
100ml Gemüsebrühe
100ml Sahne
Gewürze: Salz, Pfeffer, Paprika edelsüß
Kräuter, am besten frisch und fein gehackt: Salbei, Liebstöckel, Thymian, Bergbohnenkraut, Rosmarin, Petersilie...

Das Gemüse in kleine Würfel schneiden. Zwiebeln und Knoblauch klein hacken und in etwas Öl glasig andünsten.
Das Gemüse dazu geben, mitdünsten, etwas Brühe, Kräuter und Gewürze dazugeben.
Dann die Sahne hinzufügen und etwas einkochen lassen.
Alles mit den gekochten Nudeln vermischen.

Pesto Genovese

(10 Minuten)

3 EL Pinienkerne
2 Bund Basilikum (ca. 50 g Basilikumblätter)
2 Knoblauchzehen
1/2 TL Salz
ca. 150 ml Olivenöl
50 g vegetarischen Hartkäse

Die Pinienkerne in einer Pfanne ohne Fett hellbraun rösten, dann herausnehmen und auf einem Teller abkühlen lassen.

Die Basilikumblätter abzupfen, nur wenn nötig waschen (je weniger Wasser ins Pesto kommt, desto besser hält es sich).
Den Knoblauch schälen und grob zerkleinern. Das Basilikum und den Knoblauch mit dem Salz im Blitzhacker pürieren (für eine schöne grüne Farbe immer zuerst Basilikum und Salz mixen). Das Öl nach und nach untermixen.

Die Pinienkerne dazugeben und fein pürieren. Je nach Mixer eventuell noch etwas Öl dazugießen, damit das Messer alles gut transportiert.
Den Käse reiben und unterrühren. Das Pesto in ein Glas füllen, glatt streichen und mit einer dünnen Schicht Olivenöl bedecken. Das Glas verschließen und in den Kühlschrank stellen. Oder das Pesto in Eiswürfelbehältern einfrieren.

Dieses klassische Pesto passt perfekt zu Spaghetti oder Gnocchi.

Pesto Rosso

(5 Minuten)

20 g getrocknete Tomaten (in Öl, aus dem Glas)
1 Knoblauchzehe
50 g vegetarischen Hartkäse
1 Handvoll Basilikumblättchen
5 EL Olivenöl
1 EL Aceto balsamico
½ TL Salz
1-2 Messerspitzen Sambal Oelek
1-2 Prisen Zucker

Die Tomaten kurz abtropfen lassen. Knoblauchzehe schälen, Käse grob würfeln.

Alles mit Basilikumblättchen und Olivenöl im Mixer oder mit einem Pürierstab fein pürieren.

Mit Aceto balsamico vermischen, mit Salz, Sambal Oelek und Zucker würzen.

TIPP: Pesto rosso in ein Schraubglas mit Deckel füllen, mit einer dünnen Schicht Öl bedecken und gut verschlossen im Kühlschrank aufbewahren.
Haltbarkeit: mindestens 5-6 Tage.

Champignon-Sahne-Soße

(15 Minuten)

400g braune Champignons
50 g Butter
1 Schalotte (oder Zwiebel)
1 Knoblauchzehe
300-400ml Sahne (alternativ: halb Sahne, halb Milch)
ca. 50g Frischkäse mit Joghurt
1 Prise getrockneter Thymian
1 Prise getrockneter Salbei
etwas Pfeffer
etwas Salz
1 Prise Muskatnuss
eventl. etwas Soßenbinder

Die Pilze in Scheiben schneiden, die Schalotte und den Knoblauch schälen und fein würfeln.

Die Butter in einer Pfanne zerlassen, Schalotte und Knoblauch andünsten, Champignons hinzufügen und wenige Minuten mitdünsten.

Die Sahne zufügen, den Frischkäse einrühren, alles mit etwas Salz, Pfeffer, Thymian, Salbei und Muskat würzen. Gegebenenfalls mit etwas hellem Soßenbinder andicken.

TIPP: Wer nichts gegen minimale Fleischmengen in seinem Essen hat, kann am Anfang zusammen mit Schalotte und Knoblauch einige Schinkenwürfel mit anbraten. Ist auch lecker und schmeckt dann etwas kräftiger. Alternativ gibt es auch vegetarische Schinkenwürfel (z.B. Rügenwalder) oder man kann

Räuchertofu in kleinen Würfeln mit anbraten.

Diese Soße passt auch hervorragend zu Semmelknödeln oder Spätzle.

Käsesoße mit Lauch

(15 Minuten)

½ Stange Lauch in dünnen Ringen
(eventuell etwas Räuchertofu in kleinen Würfeln)
1 EL Butter
200ml Milch
200ml Sahne
Gemüsebrühe (1 TL Pulver, 1 Würfel oder 1 TL Paste in einem Schluck kochenden Wasser aufgelöst)
3 Ecken Schmelzkäse
Salz, Pfeffer, Muskat

In einem Topf die Butter zerlassen, den Lauch und (wer mag) die Tofuwürfelchen anbraten.
Dann das Mehl hinzugeben und anschwitzen. Anschließend die Milch hinzufügen und kräftig rühren, Sahne und Gemüsebrühe hinzufügen.
Die Käse-Ecken in etwas kleinere Stücke schneiden, zufügen und unter Rühren schmelzen lassen.
Mit Salz, Pfeffer und Muskat würzen.

Linsenbolognese

(30 Minuten)

75g rote Linsen
1 große Zwiebel
1 Knoblauchzehe
1 Möhre
eventl. 1 Stück Sellerie
1 Dose stückige Tomaten
400ml Gemüsebrühe
2 EL Tomatenmark
75ml Sahne
1 Schuss Balsamico
Salz, Pfeffer, Kreuzkümmel
eventl. geriebener Hartkäse

Zwiebel und Knoblauch schälen und fein würfeln. Möhre und Sellerie schälen und auf einer Küchenreibe oder in der Küchenmaschine raspeln.

Öl in einer Pfanne erhitzen und Zwiebeln, Knoblauch, Möhre und Sellerie anschwitzen. Linsen zufügen.
Heiße Brühe angießen, aufkochen lassen und ca. 15 Minuten köcheln lassen.

Tomatenmark in etwas Wasser auflösen und hinzufügen. Stückige Tomaten, Sahne, Salz, Pfeffer, ½ TL gemahlenen Kreuzkümmel hinzugeben und noch etwas kochen lassen bis die Linsen weich sind.
Mit Balsamico und Cayennepfeffer abschmecken.

TIPP: Diese Soße ist richtig lecker zu Vollkornspaghetti.

Pasta-Grundteig für selbstgemachte Pasta

Falls ihr mal etwas mehr Zeit habt, z.B. am Wochenende, könnte ihr mal versuchen, Pasta selbst zu machen. Das macht den Kindern Spaß und ist echt lecker!
Pro Person benötigst du immer 1 Ei und 100g Trockenmasse.

Für 4 Personen also:

4 Eier (zimmerwarm!)
200g Mehl und 200g Hartweizengrieß (oder 400g Mehl)
2 TL Olivenöl
1 Prise Salz
eventl. etwas Wasser

Mehl und Grieß in einer Schüssel mischen, eine Mulde machen, die Eier hineingeben, Öl und Salz hinzufügen. Alles 10 Minuten per Hand verkneten, dann 30 Minuten in Frischhaltefolie gewickelt ruhen lassen (nicht im Kühlschrank).

Also ich verarbeite das Ganze dann in der Nudelmaschine bis Stufe 5, dann schneide ich es, ebenfalls mit der Maschine, in Streifen.

Du kannst es auch mit einem Nudelholz sehr dünn ausrollen und dann in Streifen schneiden.

3-5 Minuten in Salzwasser kochen.

Das schmeckt mit allen Soßen, aber du kannst auch einfach eine Hand voll Salbeiblätter in Butter braten und mit den Nudel mischen.
Oder pur, nur mit etwas Butter und geriebenem Käse...

SÜSSE GERICHTE

Kartoffelpuffer

(20 Minuten)

1 kg Kartoffeln, geschält
1 Zwiebel
1 Spritzer Zitronensaft
1 TL Salz
20g Speisestärke
20g kernige Haferflocken
1 Ei
1 gehäuften EL Mehl

Die Kartoffelmasse machst du am besten in einer Küchenmaschine, wenn du hast. Das spart etwas Zeit. Dazu gibst du die Kartoffeln in Stücken und alle restlichen Zutaten, außer das Mehl, in die Maschine und häckselst alles auf mittlerer Stufe ca. 10-15 Sekunden klein. Dann rührst du das Mehl unter und kannst schon losbraten.

Hast du keine Küchenmaschine, musst du die Kartoffeln und die Zwiebel auf einer Küchenreibe klein raspeln. Dann fügst du alles Übrige hinzu und vermischt es.

Öl in einer beschichteten Pfanne erhitzen (sollte etwa einen halben Zentimeter den Boden bedecken) und für einen Kartoffelpuffer je 1-2 EL von der Kartoffelmasse in die Pfanne geben. Je nach Größe deiner Pfanne passen etwa 3 hinein.
Wenn die Unterseite goldbraun ist, einmal wenden und

fertig braten. Auf Küchenpapier abtropfen lassen.

Arme Ritter

(10 Minuten)

2 Eier
1 Tasse Milch
1 Prise Salz
trockene Scheiben Weißbrot, Baguette oder Toast
etwas Öl
Zimt und Zucker
Apfelmus

Eier, Milch und Salz in einer Schüssel verquirlen. Das Brot in der Mischung wenden und einer Pfanne mit etwas Öl ausbacken. Mit Zimt und Zucker und Apfelmus servieren.

Pfannkuchen mit verschiedenen Füllungen

(20 Minuten)

Für 8 mittelgroße Pfannkuchen

300g Mehl
3 Eier
1 ½ EL Vanillezucker
1 ½ EL Zucker
¾ Backpulver
1 Prise Salz
500ml Milch
etwas Butter oder Öl für die Pfanne

Alle Zutaten zu einem dünnflüssigen Teig verrühren bis die Klümpchen aufgelöst sind.
Eine beschichtete Pfanne (oder 2 Pfannen, dann geht es schneller) erhitzen, etwas Butter oder Öl mit einem Backpinsel darin verstreichen und etwas von dem Teig hineingeben und die Pfanne hin und her schwenken, sodass der Pfannenboden bedeckt ist. Die Pfannkuchen wenden, wenn sie auf einer Seite hellbraun sind, dann noch kurz fertig backen.
Füllen, zusammenrollen, losmampfen ;)

Mögliche Füllungen:
- Zucker und Apfelmus
- Nutella
- Nutella, Bananenscheiben und Kokosraspeln
- nach Wiener Art mit Aprikosenkonfitüre und Puderzucker bestreut
- mit Vanille-Eis und Schokosauce

- mit Früchten und Puderzucker bestreut
- mit Quarkfüllung (Topfenpalatschinken): 250g Magerquark, 4 EL Milch, 50g Zucker, 250g frische Erdbeeren, Himbeeren, Heidelbeeren..., eventl. Rosinen. Quark, Milch und Zucker verrühren, Früchte klein schneiden, locker unterrühren. Pfannkuchen bestreichen, aufrollen und mit Puderzucker bestreuen

Apfelplinsen

wie Pfannkuchenteig UND
1 großer Apfel
2 EL Zucker
½ TL Zimt

Pfannkuchenteig zubereiten. Apfel schälen und in ganz dünne Scheiben schneiden. Den Teig wie beim Pfannkuchenrezept in die Pfanne geben, einige Apfelscheiben in den Teig drücken. Von der zweiten Seite backen, dann mit Zimt und Zucker bestreuen.

TIPP: Weil es hier schwieriger ist, den Pfannkuchen zu wenden, kannst du auch statt einem großen Pfannkuchen pro Pfanne drei kleine machen.

Kaiserschmarren mit Pflaumenkompott

(20 Minuten)

300g Mehl
6 Eier
60g Zucker
2 Prisen Salz
Milch nach Bedarf
Butter
Rosinen
Puderzucker
Pflaumenkompott aus dem Glas

Die Eier aufschlagen, Eigelb und Eiweiß trennen, die Eiweiße mit einer Prise Salz zu Eischnee schlagen.

Die Eigelbe mit Mehl, Zucker, Salz, Rosinen und der nötigen Menge Milch zu einem dickflüssigen Teig verquirlen und den Eischnee vorsichtig unterziehen (d.h. mit einem Schneebesen sanft verrühren).

In einer Pfanne etwas Butter erhitzen, den Teig jeweils fingerdick hineingeben und von beiden Seiten gut backen.

Die Pfannkuchen mit zwei Gabeln in kleine Stücke zerteilen (eventuell im Backofen warmhalten, bis der restliche Teig verbacken ist), mit Puderzucker bestreuen und mit Pflaumenkompott servieren.

TIPP: Schmeckt auch mit Vanillesoße oder mit beidem.

Lust auf mehr?

Hier gibt es noch jede Menge weiter vegetarische Rezepte für die ganze Familie.

Hat Ihnen das Buch gefallen?

Wenn Ihnen das Buch gefallen hat, bitte ich Sie, es auf Amazon zu bewerten.

Sie helfen damit anderen Lesern, wenn Sie Ihnen mitteilen, warum Ihnen das Buch gefallen hat.

Vielen Dank. Ihre Emilia Hoffmann

Jetzt bewerten

Rechtliches und Impressum

Alle Rechte vorbehalten.

Das Werk, einschließlich seiner Teile, ist urheberrechtlich geschützt. Jede Verwertung ist ohne Zustimmung des Autors unzulässig. Dies gilt insbesondere für die elektronische oder sonstige Vervielfältigung, Übersetzung, Verbreitung, öffentliche Zugänglichmachung, unerlaubtes Kopieren oder Übernehmen von Inhalten. Dies wird ohne Vorwarnung zur Anzeige gebracht und mit rechtlichen Mitteln unterbunden.

Haftungsausschluss

Der Inhalt dieses Buches wurde mit großer Sorgfalt geprüft und erstellt. Für sämtliche Inhalte kann jedoch keine Garantie übernommen werden. Dies gilt weder für die Richtigkeit, Vollständigkeit, noch Aktualität der Inhalte. Alle enthaltenen Informationen basieren lediglich auf der eigenen Meinung und persönlichen Erfahrung der Autorin. Der Inhalt darf keines Falls als medizinische Hilfe gesehen werden. Für selbstverursachte Schäden und Fehlhandlung des Lesers wird daher keine juristische Haftung Seitens der Autorin übernommen. Zudem garantiert die Autorin keinerlei Erfolge mit den im Buch erwähnten Informationen, da diese wie oben genannt, nur auf persönlichen Erfahrungen des Autors basieren und lediglich als Unterhaltung dienen sollen. Die Verantwortung für die im Buch beschriebenen Ziele liegt einzig und allein beim Leser selbst.

Impressum:
Anja Stein
Akazienstr. 10
67459 Böhl-Iggelheim
anja_stein_@web.de

Printed in Poland
by Amazon Fulfillment
Poland Sp. z o.o., Wrocław